YOUR KNOWLEDGE HAS VALUE

AF131546

- We will publish your bachelor's and master's thesis, essays and papers

- Your own eBook and book - sold worldwide in all relevant shops

- Earn money with each sale

Upload your text at www.GRIN.com and publish for free

Alexia Soraia Pimenta Gomes Zonca

Da "Spaghettifresser" a "Dolce Vita". L'immagine degli italiani in Germania dal secondo dopoguerra fino ad oggi è cambiata?

GRIN Verlag

Bibliografische Information der Deutschen Nationalbibliothek:

Die Deutsche Bibliothek verzeichnet diese Publikation in der Deutschen National-
bibliografie; detaillierte bibliografische Daten sind im Internet über http://dnb.d-
nb.de/ abrufbar.

Dieses Werk sowie alle darin enthaltenen einzelnen Beiträge und Abbildungen
sind urheberrechtlich geschützt. Jede Verwertung, die nicht ausdrücklich vom
Urheberrechtsschutz zugelassen ist, bedarf der vorherigen Zustimmung des Verla-
ges. Das gilt insbesondere für Vervielfältigungen, Bearbeitungen, Übersetzungen,
Mikroverfilmungen, Auswertungen durch Datenbanken und für die Einspeicherung
und Verarbeitung in elektronische Systeme. Alle Rechte, auch die des auszugsweisen
Nachdrucks, der fotomechanischen Wiedergabe (einschließlich Mikrokopie) sowie
der Auswertung durch Datenbanken oder ähnliche Einrichtungen, vorbehalten.

Imprint:

Copyright © 2014 GRIN Verlag GmbH
Druck und Bindung: Books on Demand GmbH, Norderstedt Germany
ISBN: 978-3-656-75604-0

This book at GRIN:

http://www.grin.com/en/e-book/281022/da-spaghettifresser-a-dolce-vita-l-immagine-
degli-italiani-in-germania

GRIN - Your knowledge has value

Der GRIN Verlag publiziert seit 1998 wissenschaftliche Arbeiten von Studenten, Hochschullehrern und anderen Akademikern als eBook und gedrucktes Buch. Die Verlagswebsite www.grin.com ist die ideale Plattform zur Veröffentlichung von Hausarbeiten, Abschlussarbeiten, wissenschaftlichen Aufsätzen, Dissertationen und Fachbüchern.

Visit us on the internet:

http://www.grin.com/

http://www.facebook.com/grincom

http://www.twitter.com/grin_com

Università CAU Kiel

Seminario romanzo

"L'Italia: politica, economia e società"

Semestre estivo 2014

Da *"Spaghettifresser"* a "Dolce Vita" - L'immagine degli italiani in Germania
dal secondo dopoguerra fino ad oggi è cambiata?

Alexia Soraia Pimenta Gomes Zonca

Indice delle materie

1 Introduzione

Oggi pensando all'Italia, molti si creano un'immagine con le tipiche caratteristiche: il mare e il sole, le canzoni e la musica, il vino e la gastronomia, l'amore e la voglia di vivere, la bellezza del paesaggio e il fascino delle città antiche.[1] Tutto ciò non è niente di negativo, anzi, l'Italia si è fatta un nome tra le destinazioni più belle, non solo dell'Europa, ma anche del mondo. Ma che dire dei suoi cittadini, gli italiani? Gli italiani si dice siano aperti, estroversi, simpatici e sono conosciuti per i multipli gesti che fanno parlando. Inoltre gli italiani sono conosciuti per essere in ogni parte del mondo. Questo non stupisce, infatti le ultime statistiche dell'Anagrafe degli italiani residenti all'estero (A.I.R.E.) contano 4 341 156 italiani che vivono attualmente fuori dalla loro patria.[2] L'Italia è un tradizionale paese di emigrazione, quindi il fenomeno dell'emigrazione non è affatto nuovo nella storia dello stivale. Tra i primi emigranti italiani della storia ci sono Amerigo Vespucci e Cristoforo Colombo. Inoltre, numerose chiese ed edifici nelle grandi città europee furono realizzate e decorate grazie all'aiuto di architetti e pittori italiani nel periodo del Rinascimento.[3] Pur essendo oggi accettati e riconosciuti, spesso per le loro doti culinarie, gli italiani non furono sempre accolti nel passato. Un paese di cui ne è l'esempio, è la Germania. Gli italiani in Germania sono con 651 852 rappresentanti la più numerosa delle comunità italiane all'estero residenti in Europa, nonché la seconda comunità di stranieri in Germania.[4] Il grande flusso migratorio di italiani in Germania ebbe luogo nel secondo dopoguerra. Gli italiani che emigravano in Germania per lavorare erano allora conosciuti come i cosiddetti "*Gastarbeiter*", ossia "lavoratori ospiti". Pure se la parola dà a intendere qualcosa di positivo, non furono accolti come ospiti e ricevettero pure trattamenti discriminatori.

Nelle prossime pagine verranno prese in considerazione le ragioni per le quali gli italiani si sentirono costretti di emigrare dall'Italia. Servendosi

---

[1] s.v. Rieker, Yvonne: *L'emigrazione italiana nella Repubblica Federale Tedesca*, in: Corni, Gustavo/Dipper, Christof: Itali*ani in Germania tra Ottocento e Novecento. Spostamenti-rapporti-immagini-influenze.* Bologna 2006, pp. 175-200, qui p- 186.

[2] s.v. http://www.esteri.it/mae/it/italiani_nel_mondo/serviziconsolari/aire.htm. (accesso: 26.08.2014)

[3] s.v. http://www.museonazionaleemigrazione.it/. (accesso 01.09.2014)

[4] s.v. http://www.esteri.it/mae/it/italiani_nel_mondo/serviziconsolari/aire.htm. (accesso: 01.09.2014)

dell'esempio Germania, verrà analizzata l'immagine che avevano la gente locale degli immigranti italiani. Inoltre verrà esposto brevemente il cambiamento di questa immagine dagli anni settanta in poi.

2   Ragioni per emigrare dall'Italia

Dopo l'unione d'Italia nel 1861, la giovane repubblica ebbe da lottare con diversi problemi, tra cui quelli di natura economica, sociale e politica. Tra gli obbiettivi postisi dal governo c'erano il risolvimento dell'inflazione e della criminalità.[5] Il problema più grande rimase comunque la disoccupazione. Specialmente durante gli anni della ricostruzione (1945-1950) il fenomeno della disoccupazione, particolarmente nel sud della penisola, divenne così grande che si venne a creare il cosiddetto divario nord-sud. Durante questo periodo si conta che 2.000.000 degli italiani erano senza lavoro.[6] Mentre il nord continuava a svilupparsi industrialmente, il sud, pure chiamato "Mezzogiorno", rimase in uno stato arretrato. A causa delle carenti infrastrutture e delle strutture agrarie antiquate si sviluppò una disoccupazione di massa.[7] Per cambiare questa situazione, vennero fatte delle riforme e fu disposta una "cassa per il mezzogiorno", che però non portò grandi risultati.[8] Il politico Francesco Nitti, si espresse così sulla situazione di allora:

> Poiché a noi, in alcune delle nostre province del Mezzogiorno specialmente, dove grande è la miseria e dove grandi sono le ingiustizie che opprimono ancora le classi più diseredate dalla fortuna, è una legge triste e fatale: o emigranti o briganti[9].

Per risolvere questo problema nazionale, il governo di De Gasperi elaborò un piano con l'obbiettivo di diminuire la disoccupazione servendosi di una

---

[5] s.v. Vizzarri, Francesco: *L'emigrazione italiana in Germania nel Secondo Dopoguerra. L'accordo bilaterale italo-tedesco per il reclutamento di manodopera italiana nella Repubblica Federale di Germania 20 dicembre 1955*, in: http://www.tuttostoria.net/focus _recensione_storia_ contemporanea. aspx?ID=518 (accesso 23.08.2014), p. 2.
[6] s.v. Vizzarri, p.2.
[7] s.v. Dunkel, Franziska/ Stramaglia-Faggion, Gabriella: Zur *Geschichte der Gastarbeiter in München. Für 50 Mark einen Italiener*. Monaco di Baviera 2000, p. 19.
[8] s.v. Dunkel/Stramaglia-Faggion (2000), p. 26.
[9] Nitti, Francesco Saverio: *L'emigrazione italiana e i suoi avversari*. Torino 1888, p. 73.

emigrazione sistematica.[10] L'Italia sottoscrisse le prime intese per il reclutamento di manodopera con la Francia e con il Belgio nel 1946. La Germania inizialmente non volle stipulare accordi simili. Soltanto nel dicembre del 1955 fu firmato un contratto bilaterale tra i governi italiano e tedesco per il reclutamento di manodopera italiana da inviarsi in Germania.[11] Quell'accordo - *Anwerbevertrag* – prevedeva che i datori di lavoro tedeschi si occupassero del reclutamento versando una somma forfettaria, mettendo a disposizione vitto e alloggio e dando ai *Gastarbeiter* un contratto al tempo determinato di massimo un anno.[12] Così, dal 1956 in poi, molti italiani cominciarono ad emigrare per la Germania. Comunque non cominciarono ad emigrare solo i cittadini del sud strutturalmente debole, come era stato previsto dal governo italiano, ma pure molti operai qualificati del nord. Ad emigrare furono principalmente lavoratori maschi, di età compresa tra i 15 e i 30 anni, e al momento del reclutamento disoccupati. La loro meta era di accumulare qualche risparmio per poi rientrare in patria, infatti di tutti gli italiani che emigrarono per la Germania, il 71% ritornarono in Italia.[13] Furono impiegati nei posti dove le condizioni di lavoro e il salario apparivano poco attraenti per i cittadini tedeschi. Ciò valeva per il settore agricolo, ma anche per le fabbriche di laterizi, la lavorazione di metalli, la costruzione di autoveicoli (specialmente la VW a Wolfsburg e la BMW a Monaco) e l'industria tessile.[14]

La politica tedesca nei confronti degli stranieri - *Ausländerpolitik* – era strutturata con l'intenzione di restare un paese di "non immigrazione", infatti, terminato il periodo di soggiorno, il lavoratore straniero sarebbe dovuto ritornare al suo paese d'origine.[15] Negli anni sessanta però venne introdotta la regolamentazione CEE sulla libertà di circolazione, così che un permesso di soggiorno da parte degli italiani per rimanere in Germania non era più necessario.[16]

---

[10] s.v. Dunkel/Stramaglia-Faggion (2000), p. 26.
[11] s.v. Montanari, Mauro: *Quando venni in Germania. Storie di italiani in Germania. Lingua in emigrazione.* Roma 1996, p. 4.
[12] s.v. Rieker (2006), p. 176.
[13] s.v. Vizzarri, p. 11.
[14] s.v. Rieker (2006), p. 177.
[15] s.v. Vizzari, p. 20.
[16] s.v. Rieker (2006), p. 182.

3   L'immagine dei *Gastarbeiter* italiani

Gli italiani furono il primo gruppo straniero arrivato dopo la guerra e pure con il tempo rimasero una delle minoranze linguistiche più significative della Germania. Pur arrivando per aiutare la Germania a ricrescere economicamente, la maggior parte degli emigranti non furono accolti bene, infatti oltre ad essere incolpati di togliere il lavoro ai tedeschi furono confrontati con diverse forme di razzismo e xenofobia. Dalla fine degli anni cinquanta in poi in termine *Überfremdungsgefahr* - pericolo di una eccessiva presenza di stranieri – si diffuse e fu trasmesso inizialmente sugli immigranti italiani. Da un lato c'erano ancora le idee arrancate dal periodo del governo di Hitler, dall'altra parte gli italiani arrivanti dal sud, dove dilagava l'ignoranza e la povertà, davano l'idea di un'Italia arretrata, sia sotto l'aspetto sociale che pure economico.

> All'inizio gli emigranti italiani erano visti dalla popolazione locale come gente povera. I *Gastarbeiter* arrivavano con sacche, fagotti e spesso anche scatole di cartone. E se poi comprarono delle valigie, l'immagine dei cartoni dei primi tempi rimase impressa nell'immaginario collettivo. Da qui derivò quella tipica espressione di *Kofferträger*, ossia degli italiani trasportatori di valigie (di cartone).[17]

La maggior parte dei migranti italiani del sud proveniva dalla campagna e non avendo avuti i mezzi di sostentamento una parte consistente aveva terminato la scuola senza licenza elementare. Secondo un rilevamento statistico del 1967, soltanto il 20,4% degli italiani che allora lavoravano in Germania avevano ricevuto una formazione professionale.[18] Il livello di formazione dei migranti italiani era così molto inferiore non solo alla media tedesca, ma anche a quella dei migranti provenienti dagli altri paesi.[19] Il loro basso livello di educazione, insieme al fatto che non conoscevano la lingua e le abitudini locali, portò all'idea diffusa della supposta inferiorità etnica degli italiani.[20] Il risultato di ciò, era che spesso gli italiani svolgevano i lavori più umili e la possibilità di fare carriera era molto più difficile rispetto ai colleghi tedeschi. Inoltre gli italiani erano indesiderati nella comunità

---

[17] Cutrone, Katiuscia: *Italiani nella Germania degli anni sessanta. Immagine e integrazione dei Gastarbeiter*- Wolfsburg 1962-1973, in: www.altreitalie.it/ImagePub. aspx?id=78502 (accesso: 25.08.2014), p. 31.
[18] s.v. Rieker (2006), p. 191.
[19] s.v. Rieker (2006), p. 191.
[20] s.v. Vizzarri, p. 37.

tedesca, così che erano esclusi della collettività locale. Agli stranieri, specialmente agli italiani, era proibito l'ingresso nei locali, poiché avevano la nomina di *Messerstecher*, vale a dire accoltellatori.[21]

> Damals war ich einer der ersten Gastarbeiter hier in Deutschland. Da waren nur die Italiener und es hieß Spaghettifresser, Katzelmacher. Es gab Lokalverbote für Italiener. Das war damals sehr schwer. Du durftest nur die miesesten Arbeiten machen, nicht in Lokale gehen.[22]

Il fatto che gli italiani non fossero sempre graditi è stato confermato da un articolo di giornale del 1966, in cui si legge: "sicuramente i cartelli nei locali: *Gastarbeiter* non desiderati [...], sono il segno di una chiara opinione di una parte della popolazione."[23] Oltre ai termini dispregiativi *Messerstecher*, *Spaghettifresser* e *Katzelmacher* erano chiamati *Ithaker*, *Frauenhelden*, *Mafiosi* e *Badoglios*, riferendosi al tradimento italiano durante la seconda guerra mondiale.[24] La stampa era uno dei canali principali dai quali venivano a crearsi stereotipi negativi sugli italiani. Un esempio di città che dimostra che questi erano infondati è Monaco di Baviera, dove tra tutti i *Gastarbeiter* italiani che vennero nella città, solo il 2,2% commisero dei reati; somma insignificante comparata con i reati commessi dai tedeschi della stessa età e sesso.[25] Nonostante ciò titoli come „*Mit dem Messer schnell bei der Hand*"[26] non erano rari.

Avendo il più grande partito comunista dell'Europa occidentale, gli italiani avevano inoltre la nomina di "agitatori comunisti".[27] Specialmente le ditte temevano che gli italiani potessero scioperare e istigare pure altri lavoratori. Tali accuse, come pure le altre menzionate prima, erano comunque infondate dato che i lavoratori agricoli italiani del sud erano pressoché immuni da influenze politiche.

---

[21] vd. Allegato, p. 12.
[22] Dunkel/Stramaglia-Faggion (2000), p. 315.
[23] Cutrone, p. 30.
[24] Il significato die termini secondo la sequenza: accoltellatori, divoratori di spaghetti, venditori ambulanti, ithaker (non esiste corrispondente in italiano), donnaioli, mafiosi e badogli.
[25] s.v. Janz, Oliver/Sala, Roberto (ed.): *Dolce vita? Das Bild der italienischen Migranten in Deutschland*. Francoforte 2011, p. 10.
[26] Traduzione: "Con il coltello pronto nella mano".
[27] Rieker (2006), p. 180.

Un'ulteriore ragione per la quale gli italiani erano discriminati erano le loro abitudini e il loro comportamento che per la gente del posto erano inconsueti. Gli italiani avevano l'abitudine di incontrarsi nelle strade o nelle stazioni centrali per parlare e per incontrare connazionali nuovi arrivati che gli raccontassero dell'Italia. Questa consuetudine disturbava i tedeschi, che trovavano ciò un modo di fare incomprensibile al punto che si lamentavano dalla polizia.[28] Specialmente le donne tedesche venivano avvertite di essere caute con gli italiani che incontravano nei posti pubblici a causa della loro impulsività.[29]

Comunque non solo l'immagine pubblica, ma anche le condizioni di vita in Germania rendevano difficile agli italiani vivere una vita normale. Per legge i datori di lavoro che reclutavano manodopera straniera in massa dovevano provvedere anche agli alloggi. Molte aziende tedesche, quindi, costruirono le abitazioni per i futuri *Gastarbeiter* nel modo più economico e veloce possibile, altre utilizzarono invece le baracche di guerra che erano servite per gli *Zwangsarbeiter*, lavoratori forzati e prigionieri.[30] La direttiva sugli alloggi per gli stranieri in Germania prevedeva un minimo di tre metri quadrati a persona.[31] Anche se la legge in seguito fu cambiata e i metri quadrati a disposizione per persona divennero sei, ciò non bastava per vivere in condizioni di vita umane, tanto che i loro alloggi vengono oggi chiamati "favelas tedesche".[32] Agli italiani non rimaneva altra scelta, infatti, la maggioranza dei proprietari si rifiutavano di affittare le proprie stanze o appartamenti a stranieri, e se lo facevano gli assegnavano spesso le case più vecchie, più isolate, igienicamente messe peggio, oppure soffitte e cantine.[33]

---

[28] s.v. Cutrone, p. 28.
[29] s.v. Spraschuh, Olga: *Die Wahrnehmung von Arbeitsmigranten aus dem Mezzogiorno in den deutschen und norditalienischen Großstädten*, in: Jenz, Oliver/Sala, Roberto: *Dolce vita? Das Bild der italienischen Migranten in Deutschland*. Francoforte 2011, pp. 95-115, qui p- 104.
[30] s.v. Cutrone, pp. 22-23.
[31] s.v. Cutrone, p. 42.
[32] Zeba, Mattia: *Gastarbeiter. Eine historische, soziale, literarische und linguistische Analyse der italienischen Emigranten nach Deutschland*, in: tesi.cab.unipd.it/45304/1/2013_Zeba_Mattia.pdf (accesso: 01.09.2014), p.17.
[33] s.v. Vizzarri, p. 38.

4 L'immagine degli italiani in Germania dagli anni settanta fino ad oggi

Mentre negli anni sessanta l'immagine era ancora quella presentata prima, a partire dagli settanta la discriminazione contro gli italiani iniziò a diminuire. Una ragione fu la regolamentazione CEE sulla libertà di circolazione, che permise agli italiani di entrare in Germania non più come *Gastarbeiter*, termine che allora veniva negativamente apostrofato. Inoltre, dagli anni settanta in poi l'Italia visse un periodo di crescita economica. Tuttora il *Made in Italy* non è solo un marchio conosciuto ed apprezzato in tutto il mondo, ma è pure simbolo di qualità.[34] Altri fattori che contribuirono ad un'immagine più rispettata degli italiani è il turismo tedesco in Italia e la diffusione della cucina italiana in Germania. Queste sono alcune delle ragioni per le quali gli italiani vengono riconosciuti dai tedeschi come i rappresentanti di uno stile di vita ammirato.[35]

Nonostante ciò, tutt'oggi si parla dell'*Überfremdungsgefahr*, questa volta però, non sono più gli italiani coloro che vengono accusati. Un politico conosciuto in tutta la Germania per le sue osservazioni controverse e provocatorie, specialmente contro migranti di appartenenza mussulmana, è Thilo Sarazzin. Con l'immigrazione turca in Germania nel 1961 come *Gastarbeiter*, l'immagine dello straniero in Germania ricevette un nuovo volto. I lavoratori arrivanti dai paesi orientali erano le nuove vittime di discriminazione, specialmente per causa delle loro abitudini totalmente differenti a quelle tedesche e della loro religione.[36]

Pur non essendo più confrontati con problemi come quelli di 50 anni fa, agli italiani di oggi continuano ad essere attribuiti diversi cliché, stereotipi e pregiudizi, anche se non necessariamente negativi. Un cliché amato e conosciuto, è che gli uomini italiani sono dei *Muttersöhnchen*, dei mammoni; comunque pochi giornali spiegano la situazione di disoccupazione giovanile

---

[34] s.v. Bernhard, Patrik: *Dolce vita, Made in Italy und Globalisierung*, in: Jenz, Oliver/Sala, Roberto: *Dolce vita? Das Bild der italienischen Migranten in Deutschland*. Grancoforte 2011, pp. 62-81, qui p- 65.
[35] s.v. Jenz, Oliver/Sala, Roberto, p. 8.
[36] Morandi, Elia: *Italiener in Hamburg. Migration, Arbeit und Alltagsleben vom Kaiserreich bis zur Gegenwart*. Francoforte 2004, p. 354.

che costringe i figli a vivere con i propri genitori.[37] Un personaggio che tutt'oggi alimenta diverse conversazioni sull'Italia e i suoi cittadini è l'ex presidente Silvio Berlusconi. Però pure temi come la mafia e la corruzione del calcio italiano continuano a creare un'immagine negativa degli italiani.[38]

5   Conclusione

Mentre cinquanta anni fa si parlava ancora dei *Spaghettifresser*, oggi il concetto degli italiani è diventato uno completamente nuovo. I pregiudizi avuti contro gli italiani al loro arrivo come *Gastarbeiter* si possono riassumere in cinque categorie: 1) la supposta inferiorità etnica, 2) l'apparente alto livello di criminalità, 3) il comportamento inconsueto, 4) il basso livello di educazione e 5) l'orientamento politico. Mentre durante quel periodo di tempo vennero svantaggiati e divennero vittime di atti di discriminazione, oggi sono membri della società tedesca accettati ed apprezzati. I preconcetti avuti allora si sono svelati infondati, tantoché gli italiani appartengono al gruppo di immigrati che si sono integrati meglio che gli altri nella società tedesca.[39] Con il tempo si sono creati nuovi stereotipi, maggiormente basati sul personaggio Berlusconi e la mafia, che comunque, comparati con quelli di cinquanta anni fa, si può dire siano maggiormente "positivi". Si può perciò comprovare che l'immagine degli italiani in Germania negli ultimi anni è cambiata radicalmente e che oggi godono di rispetto e ammirazione da parte dagli abitanti locali.

---

[37] s.v. Schönau, Birgit: *Italienklischees und Italienbild in den deutschen Medien*, in: Jenz, Oliver/Sala, Roberto: *Dolce vita? Das Bild der italienischen Migranten in Deutschland*. Grancoforte 2011, pp. 82-94, qui p- 86.
[38] s.v. Schönau (2011), p. 82.
[39] s.v. Morandi (2004), p. 357.

6   Bibliografia

Fonti secondarie

Corni, Gustavo/Dipper Christof (edit.): *Italiani in Germania tra Ottocento e Novecento. Spostamenti, rapporti, immagini, influenze.* Bologna 2006.

Cutrone, Katiuscia: *Italiani nella Germania degli anni sessanta. Immagine e integrazione dei Gastarbeiter- Wolfsburg 1962-1973*, in: www.altreitalie.it/I magePub . aspx?id=78502 (accesso: 25.08.2014).

Dunkel, Franziska/ Stramaglia-Faggion, Gabriella: *Zur Geschichte der Gastarbeiter in München. Für 50 Mark einen Italiener.* Monaco di Baviera 2000.

Janz Oliver/Sala, Roberto (edit.): *Dolce Vita? Das Bild der italienischen Migranten in Deutschland.* Francoforte 2011.

Montanari, Mauro: *Quando venni in Germania. Storie di italiani in Germania. Lingua in emigrazione.* Roma 1996.

Morandi, Elia: *Italiener in Hamburg. Migration, Arbeit und Alltagsleben vom Kaiserreich bis zur Gegenwart.* Francoforte 2004.

Nitti, Francesco Saverio: *L'emigrazione italiana e i suoi avversari.* Torino 1888.

Vizzarri, Francesco: *L'emigrazione italiana in Germania nel Secondo Dopoguerra. L'accordo bilaterale italo-tedesco per il reclutamento di manodopera italiana nella Repubblica Federale di Germania 20 dicembre 1955*, in: http://www.tuttostoria.net/focus _recensione_storia_ contemporanea. aspx?ID=518 (accesso 23.08.2014).

Zeba, Mattia: Gastarbeiter. *Eine historische, soziale, literarische und linguistische Analyse der italienischen Emigranten nach Deutschland*, in: tesi.cab.unipd.it/45304/1/2013_Zeba_Mattia.pdf (accesso: 01.09.2014).

Informazioni prese in rete:

http://www.museonazionaleemigrazione.it/. (accesso 01.09.2014)

http://www.esteri.it/mae/it/italiani_nel_mondo/serviziconsolari/aire.htm. (accesso: 26.08.2014)

in: Montanari, Mauro: *Quando venni in Germania. Storie di italiani in Germania. Lingua in emigrazione.* Roma 1996, p. 9.